AF515764

महाभारत
की कहानियाँ

लाक्षागृह

सुभद्रा सेन गुप्ता

Om KIDZ
An imprint of Om Books International

धृतराष्ट्र ने बड़े ही बेमन से युधिष्ठिर को हस्तिनापुर का युवराज घोषित कर दिया क्योंकि उनकी प्रजा की यही इच्छा थी। वे बहुत निराश थे क्योंकि उनकी इच्छा थी कि उनके बाद उनका ज्येष्ठ पुत्र दुर्योधन ही हस्तिनापुर के सिंहासन पर बैठे।

शकुनि, दुर्योधन एवं दुःशासन ने निर्णय लिया कि शक्ति और सत्ता प्राप्त करने का एकमात्र मार्ग पांडवों से पीछा छुड़ाना है।

दुर्योधन ने शकुनि से कहा, "युद्ध प्रतियोगिता में हम लोग पांडवों का वध नहीं कर सकते हैं क्योंकि वे निश्चय ही हमें पराजित कर देंगे।"

दुःशासन ने चेतावनी दी और कहा, "उन्हें इस प्रकार मारना होगा ताकि किसी को भी हम पर संदेह न हो। सभी पांडव प्रजा के बीच बहुत लोकप्रिय हैं इसलिए यदि हम पकड़े गए, तो हमें उनके क्रोध का सामना करना पड़ेगा।"

शकुनि ने मुस्कुराते हुए कहा, "सब कुछ मुझपर छोड़ दो, मेरे भाँजों। पांडवों की मृत्यु होगी और सभी को ऐसा लगेगा कि यह एक दुर्घटना थी।"

शकुनि ने पुरोचन नाम के एक वास्तुकार को बुलाया और उसे एक नए महल के निर्माण की योजना समझाई।

शकुनि ने कहा, “मैं चाहता हूँ कि तुम ऐसी सामग्री से एक नया महल तैयार करवाओ, जो तुरंत आग पकड़ ले। उस महल की दीवारें और छत लाक्षा (लाख) से बनी होनी चाहिए।”

जब शकुनि पुरोचन से बातचीत कर रहा था, तभी प्रधानमंत्री विदुर उधर से निकल रहे थे। शकुनि की बातें सुनकर वह आश्चर्य में पड़ गए। लाक्षा का महल! शकुनि एक ऐसा महल क्यों निर्मित करवाना चाहता है, जो तुरंत आग पकड़ ले? मैं उस पर विश्वास नहीं कर सकता हूँ। यह अवश्य कोई योजना बना रहा है!

पुरोचन ने लाक्षा का महल बना दिया और यह देखने में बहुत ही सुंदर था। लोगों ने नया महल देखा और उसकी प्रशंसा की। लेकिन उन्हें इस महल के क्रूर उद्देश्य के बारे में कुछ पता नहीं था।

पुरोचन ने शकुनि से कहा, "हे महामहिम! आपका महल तैयार है।"

शकुनि ने हँसते हुए कहा, "मैं बहुत प्रसन्न हूँ!"

दुर्योधन ने पांडवों एवं माता कुंती को नए महल में भोज के लिए आमंत्रित किया। कुंती ने प्रसन्न होते हुए पूछा, "पुत्र दुर्योधन! यह महल तो बहुत ही सुंदर है। इसमें कौन वास करेगा?"

दुर्योधन ने उत्तर दिया, "हे माते, आप इसमें रहेंगी। मैंने इसे आपके और अपने पांडव भाइयों के लिए बनवाया है।"

पांडव यह सुनकर बहुत प्रसन्न थे कि अब उनके पास रहने के लिए अपना महल है लेकिन तभी विदुर ने उन्हें वहाँ से शीघ्र निकलने के लिए कहा। विदुर ने कुंती को चेतावनी देते हुए कहा, "कृपया उस महल में न जाएँ। वहाँ सभी के प्राण असुरक्षित हैं।"

कुंती हैरान होते हुए बोली, "विदुर, हमारे प्राणों को किस प्रकार का भय है?" फिर विदुर ने विस्तार से बताया, "मैंने शकुनि को पुरोचन से बात करते हुए सुना था। उसने पुरोचन को लाक्षा और घी जैसी सामग्रियों से महल तैयार करने का निर्देश दिया, ताकि यह आसानी से आग पकड़ ले।"

यह सुनकर भीम बहुत क्रोधित हो गए कि वह महल लाक्षा से बना है और उन लोगों ने पांडवों की हत्या के उद्देश्य से यह महल बनवाया है। उन्होंने चिल्लाते हुए कहा, “कौरव सोचते हैं कि वे हमें मार सकते हैं? इससे पहले मैं ही उन्हें मार डालूँगा!”

विदुर ने भीम को दुर्योधन पर हमला करने जाने से रोकते हुए कहा, “हमें चालाकी से काम करना होगा और कौरवों को मूर्ख बनाना होगा। उन्हें यह सोचने दो कि तुम सभी की मृत्यु हो चुकी है तुम लोग बाद में प्रतिशोध ले सकते हो।”

युधिष्ठिर ने पूछा, "फिर हमें क्या करना चाहिए? हमने दुर्योधन को वचन दिया है कि हम लोग इसी महल में रहेंगे।"

तब विदुर ने सुझाव दिया और योजना बताई, "पहले तुम सभी को जाकर उस महल में रहना होगा। उसके बाद गुप्त रूप से तुम्हें वहाँ से भाग निकलना होगा, ताकि कौरवों को लगे कि तुम सभी आग में जलकर मृत्यु को प्राप्त हो चुके हो।"

विदुर ने आगे कहा, "महल के अंदर ही एक गुप्त सुरंग बनानी पड़ेगी जो महल से दूर वन में जाती हो। उनके महल में आग लगाते ही तुम सभी उस गुप्त मार्ग से वन में जा सकते हो। उसके बाद दुर्योधन की सेना से बचकर वन में छुप सकते हो।"

पांडवों ने बड़े ही गुप्त रूप से सुरंग मार्ग तैयार किया और भागने की तैयारी करने लगे।

अर्जुन ने अपने भाइयों से कहा, "हमें वन में एक निर्धन परिवार का भेष धारण करके रहना पड़ेगा। किसी को भी यह पता नहीं चलना चाहिए कि हम लोग हस्तिनापुर के राजकुमार हैं अन्यथा हमारे प्राण संकट में पड़ सकते हैं।"

भीम ने सहमति जताते हुए कहा, "मैं सहमत हूँ। यदि हमारे चाचा धृतराष्ट्र को यह ज्ञात हो गया कि हम सभी जीवित हैं तो वे निश्चय ही अपने पुत्रों को भेजकर हमारी हत्या करवा देंगे।"

एक रात दुर्योधन के लोगों ने लाक्षा महल में आग लगा दी। कुंती एवं सभी पांडव सुरंग के रास्ते सुरक्षित स्थान पर चले गए।

फिर वे गुप्त स्थान पर रहने लगे ताकि उन्हें कोई भी सरलता से ढूँढ़ न सके। धृतराष्ट्र एवं उनके पुत्रों ने यह मान लिया कि सभी पांडव एवं कुंती मृत्यु को प्राप्त हो चुके हैं।